Comprendiendo

VENTANILLA ÚNICA

COMERCIO EXTERIOR Derechos reservados. Está prohibida sin la debida autorización escrita del Autor - Editor, la reproducción parcial o total de esta obra por cualquier medio o procedimiento, reprografía y tratamiento informático o digitalización y distribución de ejemplares. Salvo excepciones de Ley como citas. Agradecemos el respeto al derecho de Autor. Ventanilla Única©

Segunda Edición.
Edición en Español. Ventanilla Única© Para distribución.
Autor: Cairo Castillo.
ISBN AMAZON 9781691895076
Todos los derechos reservados.
Copyright.

VENTANILLA ÚNICA Comercio Exterior

Castillo, Cairo.
Ventanilla Única – Comercio Exterior /
Cairo Castillo. -- 2a ed.

ISBN AMAZON 9781691895076.
1. PROCESAMIENTO DE DATOS EN LÍNEA. 2. COMERCIO EXTERIOR.
Agosto, 2019.

Contenido.

Capítulo I. (Páginas: 6 - 18).

Introducción.
Teoría sobre el Contexto Internacional V.U.
Instituciones o Agencias de Gobierno, Recursos y Decisiones.

Capítulo II. (Páginas: 18 - 23).

Servicios Públicos por medio de Ventanillas Únicas.
Modelos de Ventanillas.
Ventanilla Única Tipo CBM.

Capítulo III. (Páginas: 23 - 46).

Tendencias Globales: Integración de Procesos, uso de Tecnología de la Información y Comunicación e Integración.
Comisión Económica para América Latina y el Caribe.
Coordinated Border Management.
Comisión Económica de las Naciones Unidas para Europa.
Uso de encuestas sobre Servicios Públicos.
Centro de las Naciones Unidas para la Facilitación del Comercio y el Comercio Electrónico
Acuerdo de Bali. V.U. y OEA.

Organización Mundial del Comercio - Acuerdo sobre Obstáculos Técnicos
Uso de Firmas Consultoras.
Ejemplo de simplificación en puertos de la unión europea.
Modelo de datos de la Organización Mundial de Aduana.
Ventanilla Única para el Arco del Pacífico.

Capítulo IV. (Páginas: 46 - 62).

Consideraciones sobre la implementación de V.U.
Guía Normativa Jurídica de la Ventanilla Única.
Guía Módulos Sistema Informático V.U.
Autoridades que intervienen en V.U.
Usuarios o administrados que intervienen en V.U.

Capítulo V. (Páginas: 62 - 77).

Comercio digital y regulaciones futuras para V.U.
Precinto Aduanero Electrónico.
Sistemas y minería de datos y minería de procesos.
Integración de Ventanillas Únicas Regionales y otras Agencias Gubernamentales.

Capítulo VI. (Páginas: 77).

Conclusiones.
Fuentes.

Dedicado a **Isidora Castillo Ruiz.**

Capítulo I.

Introducción.

La Ventanilla Única para facilitar el comercio exterior, de última generación, una vez que se implementa y se desarrolla, incrementa la competitividad del país y la satisfacción de los usuarios.

Breve idea de beneficios de este estándar de servicio público, según organismos internacionales como: el Centro de las Naciones Unidas para la Facilitación del Comercio y el Comercio Electrónico y la Organización Mundial de Aduanas:

1. Simplificación y trasparencia en trámites;
2. Coordinación y prestación de servicios simultáneos de las diferentes agencias de gobierno;
3. Reducción de costos y tiempo;
4. Revisión anticipada de información y documentos;
5. Despacho electrónico;
6. Validación de la información auto determinada por el usuario;
7. Elimina la falsificación o alteración de documentos;
8. Disminución de la discrecionalidad de servidores públicos.

Países en desarrollo y desarrollados miembros de la Organización Mundial del Comercio, experimentan cambios importantes en sus dimensiones comerciales y efectos transfronterizos. En ellos la producción ha pasado a hiperproducción, el mercado tradicional está migrando a hipermercados, lo mismo pasa con el comercio que se ha configurado en hipercomercio, entendiendo el prefijo híper como algo superior, escenario característico donde los jugadores se mueven y reaccionan con rapidez, sorpresa, anticipación, audacia, crean nuevos productos, servicios e innovan.

En esta atmosfera las instituciones o agencias gubernamentales ocupan su espacio específico de interés para todos los administrados.

Las autoridades que no están haciéndose las preguntas correctas, que no están entendiendo el verdadero entorno del comercio exterior y comercio electrónico, pueden estar pasando por lentas transformaciones o están haciendo esfuerzos infértiles.

Sus líderes a todo nivel por mucho que sigan sus leyes y reglamentos, en el ejercicio de sus cargos o actuación diaria, planifican, implementan proyectos, reuniones ejecutivas, operativas y estratégicas; en cualquiera de estos casos, germinan ideas, tareas, deseos, aspiraciones, metas, energías que por una u otra razón imperceptible suavemente se desvían, desvanecen, comprimen o desaparecen con el paso del tiempo, aunque gocen de suficiente mecanismos de control para garantizar ejecución o cumplimiento.

Incumplimiento, omisión, desviaciones o falta de visión de la administración pública para resolver demandas sociales y de inversores, pueden devenir del tipo de motivación que generan los sistemas jurídicos, anticultura institucional sobre servicio eficiente, incorrecto comportamiento individual y colectivo institucional, la naturaleza humana de olvido, tranquilidad o dependencia. Lo cierto es que, tal condición de liderazgo individual o institucional anquilosado o lesionado afecta a otras personas y es inaceptable.

Tal comportamiento es crítico en un ámbito burocrático, por su onda expansiva frente al acelerado aumento de las necesidades sociales, de sectores específicos o del intercambio de bienes y servicios, al que no siempre se anticipan las autoridades o no se están preparando continuamente. La inmunidad a cambiar la forma de hacer las cosas, puede ser el regreso a la zona de confort, inacción y confirmación de falta de inspiración, visión y voluntad.

Las instituciones o agencias gubernamentales, tienen el reto permanente de plantearse misión, visión y objetivos estratégicos, pero de calidad, para enfrentar las demandas de todos los sectores de la sociedad.

Le corresponde a la autoridad, conciliar soluciones a través de cambios internos pedidos desde fuera, desde los sectores sociales o administrados.

Causar la idea de gobierno funcional o hacerle sentir a la sociedad el desempeño óptimo de las instituciones, es parte del éxito de las autoridades públicas que invierten o han descubierto cómo hacer bien las cosas. El estatus y reto institucional, prudentemente, podría estar así planteado en distintos países. Aunque en algún lugar exista inversión y se distingan niveles de atención o de servicios públicos, puede pasar que los administrados no lo perciben.

La poca estandarización de procesos, rotación de funcionarios y el exceso de trámites burocráticos en los puestos fronterizos, hace menos competitivo a los inversores y países.

Este breve contexto así planteado, puede acercarse a una representación del antecedente en los sistemas de atención y soluciones para los administrados. Se verá en lo sucesivo que, la anterior descripción ofrece un punto de comparación para comprender y aceptar las nuevas soluciones como la "Ventanilla Única" para el Comercio Exterior, que es una ventanilla de nueva generación diferente al concepto tradicional.

Ventanilla Única para el Comercio Exterior, o V.U., puede contar con diferentes combinaciones de palabras según funciones, criterios de país o de las autoridades que la implementen, de tal forma que el nombre podría variar.

El Libro V.U., es el resultado de investigar y desencriptar información dispersa, compleja por aspectos estratégicos, técnicos y jurídicos; por información variada y abundante proveniente de los hechos en los puntos de entrada de cada país, reuniones internacionales de organismos miembros o dependencias de la Organización de las Naciones Unidas; tratados; discursos y revistas de organismos.

Un solo texto para este fascinante asunto facilitará a lectores como: funcionarios, inversores, organismos de fomento, factores de comercio, auxiliares de la función pública aduanera, catedráticos universidades, profesionales y estudiantes.

Esta visión de V.U., dedicada a la facilitación al comercio exterior por medio de un nuevo concepto, seguramente traerá ideas para aplicarlas en lo propio, pero también susceptible de aplicarse en otros servicios institucionales. Se pueden identificar denominadores comunes para solucionar las demandas de otros sectores administrados, pero en otro contexto de servicios públicos.

Por su fuente y referencia a instrumentos internacionales que proponen fines estratégicos globales, este Libro "Ventanilla Única" para el comercio exterior, podrá usarse de guía y referencia por los habitantes de cualquier país miembro de la Organización Mundial del Comercio.

Teoría sobre el Contexto Internacional V.U.

Los administrados, el comercio, la seguridad y otras causas, apoyan razonablemente la hipótesis de dejar de creer en la casualidad de la modernización institucional, para creer en la causalidad de la misma. La tendencia es tomar en cuenta el motor del cambio, que no es otro que brindar soluciones a verdaderos problemas y necesidades que no pueden esperar.

El mejor ejemplo de cambio, no en todos los países, es que hoy se aplica la ley por medio de soluciones informáticas modernas, administradas por un solo funcionario, en representación de diferentes agencias de gobierno o instituciones.

Esta tendencia sigue rompiendo la predictibilidad de los gurús de organismos internacionales, gobiernos y sector privado global.

El resultado final o cambios en instituciones o agencias de gobierno modernizadas, se ha producido a partir de una mezcla de elementos naturales y artificiales: crecimiento de la población, necesidades de los administrados, aumento del intercambio comercial, cambios acelerados en las Tecnologías de la Información y Comunicación, seguridad nacional, propósitos y metas de poderosas naciones y de poderosos intereses privados globales influyentes, incluso diferencias religiosas.

Coexisten otros elementos tan importantes como los anteriores, resalto: la seguridad alimentaria, control de la energía y de la comunicación, la protección al medio ambiente y más, pero hoy se presentan como asignaturas pendientes de la humanidad.

En la década de 1990 – 2000 en Europa, autoridades identificaron servicios públicos ya desgastados que se sustituyeron por nuevas formas de asistir al administrado por sus roles e importancia: tributaria, comercial, estratégica para los gobiernos. Después de los eventos del once de septiembre en Estados Unidos, en la primera parte de la década del 2000 - 2010 se presentaron aceleradores para ejercer mayor control, pero ahora en materia de seguridad, hasta el punto de crear regulaciones específicas a nivel de leyes nacionales, tratados multilaterales desde los organismos adscritos a la Naciones Unidas.

Es innegable que los países han creado capacidades institucionales por medio de tecnología de la información, reformas a instituciones y leyes, para mantener un balance entre las demandas sociales y las restricciones de recursos que administran las instituciones, en muchos casos con resultados exitosos, pero no todo está hecho.

La inacción o sub ejecución institucional, termina pagando altos precios para gobernantes y gobernados, especialmente en lo relacionado al comercio exterior, donde se conducen sensibles temas y regulaciones: recaudación, controles, seguridad nacional, salud, producción, alto intercambio de bienes y servicios. La reingeniería o modernización institucional representa la búsqueda de problemas no deseados para autoridades sin planes ni metas o menos comprometidas. Siempre algo nuevo salió y saldrá de las manos sudadas y de las preocupaciones de los que se atreven o atrevieron a aceptar y enfrentar los desafíos del cambio.

La V.U., de última generación, con sus propias características e inversión, debería ser posible implementarla en todos los países, incluyendo los menos desarrollados.

Las agencias gubernamentales modernamente están pensando en prestar más atención e invertir tiempo y recursos en: salud pública, seguridad nacional, política fiscal y sus componentes de ingresos fiscales, gasto público y financiamiento, reducción de la pobreza, educación, facilitación a inversión nacional y extranjera, transparencia en la gestión de funcionarios, protección del medio ambiente, inversión en energías alternativas, tratados de libre comercio modernos e incluyentes, modernización de servicios públicos en general. Esta corriente de pensamiento que se presenta como tendencia, es coherente con la facilitación que ofrece V.U., al comercio exterior.

Instituciones o Agencias de Gobierno, Recursos y Decisiones.

Independiente de la existencia de regulación constitucional y leyes administrativas específicas para instituciones y autoridades en cada país, todo Estado o una parte de él como las agencias de gobierno, están conscientes de las necesidades de los ciudadanos y de su obligación de atenderlas. Esta esfera pública se define genéricamente como organización en un territorio, formada por diversas instituciones de carácter social, económico, político, soberano y coercitivo.

Las instituciones por medio de normativa jurídica poseen suficiente fuerza para regular la vida de los administrados. Ante tal poder el administrado encuentra equilibrio e igualdad de derechos en los mismos cuerpos de leyes, el reto es hacerlos valer y vigilar el cumplimiento.

La palabra burocracia en su connotación positiva, alude la actividad en la cosa pública, se presenta en diversas instituciones estatales y adopta diversas formas, una de ellas se describe en este ejemplo que sigue a continuación, sobre una autoridad administrativa de trámites y permisos: el supuesto de hecho es que cierto organigrama va a describir un ministerio, secretaría, superintendencia, director, asesores, auditor, administrador, supervisor, financiero, recursos humanos, contador, jefes de departamentos, técnicos, asistentes, secretarios, cajeros o personal de ventanilla, bodega, afanador, mensajeros y conductores.

Las leyes que crean estas estructuras orgánicas y funcionales comprenden disposiciones sobre derechos, deberes y obligaciones para los sujetos que participan, además de procesos y procedimientos o reglamentos específicos.

En este supuesto, una normativa ya regula que los funcionarios fueron captados y contratados en la institución por mecanismos preestablecidos en leyes de servicio civil como: mérito y capacidad u oposición (implica la existencia de un perfil de cargo). Cada cargo creado por ley administrativa lo acompaña el listado de funciones.

Las instituciones con anticipación planifican sus actividades, de cara a preparar un presupuesto para ejecutar el cometido jurídico para lo que ha sido creada.

Esta agencia de gobierno donde se practican trámites y permisos, también guarda relación con otras instituciones o funcionarios nacionales e internacionales, incluso oficinas de control de administración de recursos y respeto a normas, se relaciona continuamente con los administrados, usuarios o público en general.

A cada cargo de líder de agencia de gobierno, independiente de su jerarquía le corresponde la responsabilidad de organizar y gestionar todos estos recursos a fin de cumplir objetivos específicos de interés nacional, debe cumplir, tomar y ejecutar decisiones, recibir, realizar y presentar informes de gestión y control.

Las agencias de gobierno cuentan con recursos que se desprenden de leyes orgánicas, especiales y del presupuesto nacional para prestar servicios, crea y usa documentos, cifras, manuales, reglamentos, formatos físicos y digitales, cuenta y ejecuta soluciones informáticas que simplifican los servicios y auditorias. Cuentan con oficinas de adquisiciones, sucursales, activos fijos, caja, contabilidad, finanzas, archivo central, sección de trámites, emisión de permisos y licencias.

A cada jefe de sección, técnico u operativo le corresponde ejecutar lo planificado y presupuestado constitucionalmente bajo seguimiento, control y medición de resultados.

Deben cumplir horarios, protocolos de atención, tipos de atención y en ese ínterin, se destacan actuaciones no muy visibles pero importantes: cargos menores también están enfocados en ejecutar y emitir decisiones constantemente ante clientes internos y externos o administrados.

Estas decisiones mayores o menores, correctas o no, son las que tienen impacto directo e indirecto en los administrados.

Palabras más o palabras menos, lo anterior es una representación de burocracia real en la acepción positiva, a la que administrados o usuarios estamos contentos por el buen servicio público, resignados, abandonados o acostumbrados.

Por estos tiempos, las cosas han cambiado para las autoridades y agencias de gobierno, porque constantemente están llamadas a modernizarse. La suerte de abandono institucional al administrado se descubre en aquellos patrones estatales o gubernamentales agotados y de poca creatividad que aún no deciden invertir en modelos de prestación de servicios eficientes.

La disección del anterior supuesto de burocracia habitual, permite diagnosticarle a cualquier agencia de gobierno su situación donde se pueden identificar cuellos de botella, obstáculos, oportunidades de mejoras continuas para agregar valor o identificar los aceleradores de valor a los nuevos servicios y controles de la administración pública. No menos importante es incursionar en las necesidades externas del administrado o inversor.

Capítulo II.

Servicios Públicos por medio de Ventanillas Únicas.

La V.U., de última generación, según sea el servicio a brindar, en algunos países como: España, Francia, Tailandia y Estados Unidos de América, ha sido un concepto que ha evolucionado de tipos simples a complejos y eficientes, de cara a brindar soluciones rápidas para el ciudadano, incluso sin contar con la presencia física de documentos y personas, para comercio local y exterior, además de otros servicios.

V.U., ofrece nuevas oportunidades, diversidad y calidad de servicios, con sus diferentes características y nombres. A continuación, se presentan los nombres de ventanillas únicas de servicios públicos varios que se han desarrollado gradualmente en Asia, Europa y América: One Stop Shop, Single Windows, Single Windows Clearance, Guichet Unique, Ventanilla Única Internacional o Nacional, Ventanilla Empresarial, Ventanilla Virtual, Ventanilla Única para Exportaciones, Ventanilla Única de Servicios al Comercio o simplemente Ventanilla Única.

Modelos de Ventanillas.

Clasificación.

Tipo A) La misma institución o agencia de gobierno, que ofrece varias transacciones como permisos, licencias y actos decisorios, formales, ha acumulado en un solo espacio físico todos sus servicios para el administrado. Cantones, estados, entidades autónomas, municipios o gobiernos locales han desarrollado estas soluciones y las han denominado ventanilla única (pueden ser de permisos de construcción, pago de tributos y servicios varios).

Tipo B) Ventanilla virtual para empresas, creada para brindar información, pero no para gestionar en ella. Es un servicio limitado y no cumple un propósito de facilitación integral.

Tipo C) Por otra parte, dos o más instituciones o agencias de gobierno, de diferentes giros, se han organizado para reunirse bajo un mismo techo y así ofrecer amplitud de servicios, permisos, licencias y controles públicos, emulando de esta forma las facilidades de encontrar todo como un supermercado o centro comercial.

Este ejemplo conserva la burocracia natural de cada entidad similar a la que presentamos con anterioridad, la diferencia es que está en una sola dirección física. Nada cambia si se recibe el mismo modelo burocrático de atención individual al público, la principal novedad es estar juntas en el mismo edificio y agregan entidades u organismos de interés o relacionados como bancos públicos y privados para facilitar pagos. Esta ventanilla no está en todas las ciudades o estados de un país, puede ser centralizada en las ciudades primarias o centros de poder en cada país.

Tipo D) Un cuarto tipo puede presentarse mediante una combinación de los señalados, que ya usan ampliamente tecnología de la información y que indudablemente brindan mejor servicio, bajo ciertas circunstancias, solo a ciertos administrados o usuarios. Ejemplo: inicio y conclusión de trámites de forma telemática o por computadora y a distancia, cumpliendo ciertas formalidades de cargos administrativos y registros previos. Facilita por permitir la gestión o transacción en línea y sin presencia física. Pueden ser los casos de búsquedas y obtención de certificaciones registrales. Puede permitir pagos electrónicos.

Ventanilla Única Tipo CBM.

Tipo E) A continuación intentamos describir la ventanilla única de servicios públicos múltiples simultáneos y simplificados, (CBM) Coordinated Border Management, diferente a los tipos anteriores, ya en uso en países de las Américas, África, Asia y Europa.

La principal fuente de motivación para migrar a un modelo de vanguardia puede ser: acceso a soluciones informáticas que ahora se desarrollan en menor tiempo (lenguaje informático amigable), uso de económicos y eficientes sistemas de almacenamiento de datos como la nube o sistemas de almacenamientos remotos ubicados en otro país, pero con acceso por internet; reubicación de infraestructura; reasignación de roles y funciones de los funcionarios públicos; reformas y ampliación a leyes; reforma de organigramas; coordinación interinstitucional compleja, pero eficiente en cuanto a recursos, servicios y controles internos, externos y de seguridad nacional.

Una de las fuerzas del cambio es la rápida producción de bienes y servicios, la necesidad de intercambio entre países, las posibilidades que ofrecen las tecnologías de la información, la seguridad nacional, la creciente tendencia a la facilitación y transparencia de funcionarios, la eliminación de obstáculos técnicos, la certificación de los jugadores que forman parte de la cadena logística, el intercambio de información instantánea sin documentos físicos entre autoridades aduaneras de origen, tránsito y destino; el crecimiento de la población y del comercio exterior. Todo empuja a la transición de sistemas administrativos anacrónicos a la ventanilla única de última generación, con fines de facilitación moderna, con el componente de trámites simplificados, inspecciones únicas y económicas.

La palabra burocracia también cuenta con la connotación negativa, que en síntesis denota que: las instituciones o agencias de gobiernos son obstáculos y no fuente de servicios y soluciones para el administrado. La otra connotación es la que apoyamos con diferentes ejemplos y experiencias internacionales, está referida a la facilitación, servicios y controles que prestan las instituciones y funcionarios.

La autoridad delegada a líderes y funcionarios para gestionar la cosa pública se basa en leyes, e incuestionablemente se apoya en las solicitudes y aportes de los sectores privados, empresas y ciudadanos administrados que por razón de sus actividades apuran cambios y les corresponde ser escuchados para fusionar los aportes de ambas partes, en función del bienestar común, mismo que se deduce del pacto social y equilibrio que ofrece cada Constitución Política de los países y sus leyes. Los principios universales del derecho comercial que apoyan estos supuestos son: principios de equidad, justicia, propiedad privada, libertad, comercio, producción e industria, asociación, servicios públicos, integración social y económica, entre otros.

Capítulo III.

Tendencias Globales: Integración de Procesos, uso de Tecnología de la Información y Comunicación e Integración. 1.- Comisión Económica para América Latina y el Caribe.

La Comisión Económica para América Latina y el Caribe, en enero 2015 publicó el informe denominado: Fortalecimiento de las capacidades de los países en desarrollo y países con economías en transición para facilitar el paso legítimo de fronteras, la cooperación regional y la integración.

En su parte introductoria reflexiona lo siguiente: Históricamente el cruce de frontera siempre ha sido un obstáculo para el comercio internacional de mercancías, especialmente para aquellos países sin litoral. En este contexto el proyecto (de la Comisión) tiene como objetivo contribuir al fortalecimiento de las capacidades de los gobiernos de los países en desarrollo y países con economías en transición para agilizar la fiscalización y el control aduanero, por medio del intercambio electrónico de datos entre las administraciones nacionales, en particular el proyecto debe contribuir a la eficiencia y prontitud del tránsito de mercancías.

Otro objetivo central de la Comisión es: contribuir a mejorar los mecanismos de recaudación fiscal y permitir el flujo expedito de mercancías involucradas en las cadenas de suministro internacionales.

El fortalecimiento proporcionará una plataforma de intercambio de Aduanas-a-Aduanas por sus siglas en inglés (Customs 2 Customs o C2C).

Lo destacado del fortalecimiento que propone la Comisión desde el año 2015 es que enfatiza la colaboración entre aduanas, con una menor incidencia o involucramiento de las otras agencias de gobierno o instituciones nacionales relacionadas al comercio transfronterizo.

Otro punto a resaltar, es el deseo de la Comisión de aprovechar el intercambio electrónico de datos C2C con aquellos países vecinos y socios comerciales.

2.- Coordinated Border Management.

El 26 de enero de 2015 fue lanzado el término o slogan CBM (Coordinated Border Management) por la Organización Mundial de Aduana, con motivo de la celebración del día internacional de aduana.

CBM o Gestión Coordinada en Frontera, es un enfoque inclusivo para conectar grupos de interés o aliados naturales.

Tiene la aspiración de fortalecer aún más las relaciones de trabajo dentro y entre las administraciones de aduana, pero ahora con otras instituciones o agencias de gobierno y socios comerciales.

CBM es factible para cada función en frontera que requiere diferentes habilidades, conocimientos y autoridad para ser manejado por la misma institución o agencia de gobierno que se designe.

Parte del éxito es la especialización de competencias con asignaciones específicas de responsabilidades.

Lo que es esencial para que funcione bien cualquier sistema regulatorio fronterizo o transfronterizo, es que las instituciones o agencias de gobierno fronterizas comparen su misión, participen activamente, prioricen, reduzcan las redundancias (inspecciones, revisiones físicas documentales) y aplicar procedimiento simplificado y digital.

Esta aspiración global está avalada por el Secretario general de la Organización Mundial de Aduana, el señor Kunio Mikuriya, quien expresó en WCO News de Febrero del año 2015 que, CBM es prioridad para el organismo que representa y para las administraciones de aduanas.

Según esta Organización, CBM busca asegurar que las múltiples funciones del servicio público en fronteras se realicen correctamente.

Instituciones fronterizas deben tratar de trabajar juntos por el bien común a pesar de la variación mandatos regulatorios.

Lo novedoso es dejar de pensar que solo aduana interviene y atrasa en frontera, sino que existe otros jugadores o sujetos importantes que según las regulaciones en cada país pueden variar y van de entre 10 hasta 25 tipos de agencias gubernamentales de autorización, vigilancia y control fronterizo.

CBM está poniendo de moda la integración de un sistema de instituciones o agencias de frontera autónomos en un sistema de ventanilla única.

Con la visión y aporte de esta Organización, las agencias de gobierno ya cuentan con un instrumento importante que representa trastocar los modelos burocráticos nacionales existentes, el documento de consulta permanente a disposición de todas las entidades de gobierno de todas las latitudes se denomina: Compendio de Ventanilla única de la Organización Mundial de Aduana.

Es una guía para establecer política, aspectos legales, seguridad y de tecnología.

El compendio comprende tres fases fundamentales: I. Fase de Incubación y Planeación Estratégica, II. Fase de Establecimiento y Consolidación y III. Fase de Desarrollo, Implementación, Evaluación.

Considerando que hace sentido a la facilitación, debemos seguir esta guía de fases para identificar los mejores instrumentos existentes y vigentes aplicables para iniciar el camino hacia CBM.

Los instrumentos que constantemente estamos invocando en este Libro no necesariamente se encuentran o pertenecen al Compendio de Ventanilla Única antes citado, al contrario, para enriquecer esta investigación, tomamos diferentes fuentes e instrumentos vigentes, pertinentes o relacionados.

Destacamos que el Compendio de Ventanilla Única de la Organización Mundial de Aduana, se auxilia de un instrumento tecnológico valioso para modernizar los servicios transfronterizos, nos referimos al uso del Modelo de Datos de la Organización Mundial de Aduana, que a priori estandariza y propicia el ambiente ideal para la implementación de la Ventanilla Única, no solo para los temas aduaneros, sino también para los temas e intereses de las demás instituciones de servicio en frontera. El modelo de datos ofrece nomenclaturas de flujos de trámites y procesos, guías, bases significativas para la implementación de soluciones informáticas de comercio exterior.

3.- Comisión Económica de las Naciones Unidas para Europa.

Por otra parte, la Comisión Económica de las Naciones Unidas para Europa, cuenta con la "Guía de Implementación de la Facilitación del Comercio". Según la fuente informativa de esta Comisión, por medio de este instrumento se plantea el reto de modernizar los servicios para los países europeos de la forma siguiente: El establecimiento de una Ventanilla Única es un proyecto importante de reforma política

Contrario a la opinión general, no es, ante todo, un proyecto de Tecnologías de la Información. Se trata de un proyecto de administración del cambio, que incluye a múltiples entidades y socios, que implica una nueva forma de diseño de procesos de negocio, simplificación de documentos y armonización de datos.

La duración del proceso (de Ventanilla Única) desde el planteamiento de la idea inicial, hasta que comienza el funcionamiento real de una Ventanilla Única puede ser largo, ya que el proyecto incluye varias fases de implementación.

Según la Comisión, estos serían los retos específicos a resolver: objetivos nacionales, leyes, reglamentos, voluntad política, colaboración interinstitucional, desarrollo de sistemas, conflicto de intereses, conexión entre autoridades, negocios del sector privado preparados, cambios profundos en la administración, unificar sistemas informáticos entre agencias gubernamentales, cambios de formatos a digitales o documentos electrónicos, firma electrónica, autenticación de usuarios, intercambio y almacenamiento de datos, firma electrónica.

Existen otros aspectos legales de privacidad y protección de datos como creación de la capacidad jurídica de la Ventanilla Única para su funcionamiento.

Otros instrumentos que datan desde la década de 1990 - 2000 emitidos por la misma Organización de las Naciones Unidas, prescriben guías de trabajo para la implementación de ventanillas únicas, no únicamente para los servicios transfronterizos, sino aplicables a otros servicios de instituciones o agencias de gobierno.

4.- Uso de encuestas sobre Servicios Públicos.

Para las agencias de gobierno y sectores privados de interés, una buena manera de desarrollar la comprensión de la Ventanilla Única, ha sido el estudio de las encuestas realizadas en diferentes regiones globales, practicada por la Organización Mundial de Aduana, sector África, Asia, Europa, las Américas, donde se brindan reveladoras cifras de los servicios evaluados antes y después de la implementación de los primeros modelos de ventanillas únicas de servicio múltiples en frontera.

No descartemos examinar las distintas iniciativas que se han puesto en marcha en todo el mundo. El seguimiento a otras experiencias proporcionará una cosmovisión sobre esta solución, especialmente en los aspectos técnicos, jurídicos y de tecnologías de la información y comunicación o TIC.

La siguiente es una breve lista de países candidatos a análisis para comprender los procesos de cambios en la modernización de los procesos y servicios transfronterizos y de intercambio entre autoridades y sectores privados. No perdamos de vista que, por el nivel de compromiso o de desarrollo de cada país, estas implementaciones de ventanillas únicas eficientes o de última generación, llevan avances desiguales en su implementación o ejecución: Tailandia, Canadá, Ghana, Francia, Indonesia, Macedonia y Perú.

Los principales esfuerzos de Ventanilla Única moderna se comenzaron a implementar con buen suceso desde el inicio de la década del 2000 - 2010. El mayor desarrollo de V.U., lo han alcanzado muchos países, incluyendo la lista precedente, entre los años 2009 y 2010 según fuente de la Organización Mundial de Aduana.

5.- Centro de las Naciones Unidas para la Facilitación del Comercio y el Comercio Electrónico.

El Centro de las Naciones Unidas para la Facilitación del Comercio y el Comercio Electrónico (CEFACT-ONU) señala las directrices que acompañan la recomendación número treinta y tres, sobre la colaboración entre aduanas y otros organismos públicos, en lo atinente al flujo de información entre operadores del comercio, transporte y los organismos de control. La otra actividad importante la comprende la recolección de información, su manejo, intercambio y almacenamiento.

La recomendación No. 33 describe los modelos de V.U., más comunes: (i) el modelo de autoridad única, que implica una entidad que coordina las actividades de todos los organismos intervinientes para garantizar que no haya obstáculos indebidos en la cadena logística; (ii) el modelo de sistema automatizado único, es decir, un sistema informático que procesa la información o coordina un grupo de sistemas que procesan los datos que han de recibirse o enviarse; este sistema puede tipificarse como un sistema integrado que opera como sistema de procesamiento centralizado para los usuarios de cada organismo interviniente, o bien como un sistema interconectado que interactúa a través de interfaces con los sistemas de otros organismos para procesar las transacciones; podría existir también un sistema híbrido que combine los enfoques de sistema integrado y de sistema interconectado; (iii) el modelo de sistema automatizado de procesamiento de transacciones.

6.- Acuerdo de Bali. V.U. y OEA.

Acuerdo sobre Facilitación del Comercio, Conferencia ministerial celebrada en Bali, en diciembre de 2013 liderada por la Organización Mundial del Comercio.

El Acuerdo sobre Facilitación del Comercio, a nivel de legislación aplicable a los países que se han adherido, también incluye y defiende la figura de Ventanilla Única.

Parte del texto regula: Los Miembros procurarán mantener o establecer una ventanilla única que permita a los comerciantes presentar a las autoridades u organismos participantes la documentación y/o información exigidas para la importación, la exportación o el tránsito de mercancías a través de un punto de entrada único.

Después de que las autoridades u organismos participantes examinen la documentación y/o información, se notificarán oportunamente los resultados a los solicitantes a través de la ventanilla única.

En los casos en que ya se haya recibido la documentación y/o información exigidas a través de la ventanilla única, ninguna autoridad u organismo participante solicitará esa misma documentación y/o información, salvo en circunstancias de urgencia y otras excepciones limitadas que se pongan en conocimiento público.

Los Miembros utilizarán, en la medida de lo posible y practicable, tecnología de la información en apoyo de la ventanilla única.

En relación al Operador Económico Autorizado. Por otra parte, el Acuerdo establece medidas de facilitación del comercio para los operadores autorizados. Cada Miembro establecerá medidas adicionales de facilitación del comercio en relación con las formalidades y procedimientos de importación, exportación o tránsito, destinadas a los operadores que satisfagan los criterios especificados.

7.- Organización Mundial del Comercio - Acuerdo sobre Obstáculos Técnicos.

La Organización Mundial del Comercio, establece a nivel de legislación aplicable a los países que se han adherido, los objetivos en el Acuerdo sobre Obstáculos Técnicos al Comercio (Acuerdo OTC) consistentes en que los reglamentos técnicos, las normas y los procedimientos de evaluación de la conformidad no sean discriminatorios ni creen obstáculos innecesarios al comercio.

El Acuerdo recomienda firmemente a los Miembros que basen sus medidas en normas internacionales como medio de facilitar el comercio. Las disposiciones sobre transparencia del Acuerdo tienen por objeto crear un entorno comercial previsible.

8.- Uso de Firmas Consultoras.

Para las agencias de gobierno también resulta conveniente auxiliarse de proveedores de servicios especializados para la implementación de la Ventanilla Única de última generación, mediante el cumplimiento de procesos de licitación pública nacional o internacional. La implementación de estas soluciones al comercio dentro de las agencias de gobierno o instituciones, acompañados de servicios tercerizados, puede brindar solidez y credibilidad por el carácter de coordinador imparcial.

La V.U., de última generación, conlleva cumplir fases preestablecidas en un tiempo específico. Representa licitar la modernización de los servicios transfronterizos mediante expertos que haciendo uso minería de datos y de procesos, uso de tecnología de la información, se basarán en todas las fuentes confiables de información interna en cada país, como términos de referencia y especialmente de las guías teóricas y de tecnología que ya proporciona la Organización Mundial de Aduana, a través de sus oficinas autorizadas.

La descripción de necesidades de cada agencia de gobierno es un punto de partida para identificar las tareas a desarrollar por los consultores o especialistas multidisciplinarios. No obstante, no se puede perder de vista la opinión de los interesados o inversores, quienes finalmente son los principales usuarios de los servicios públicos que se presta en el comercio transfronterizo.

Lo antepuesto es una breve lista de necesidades para la creación de un nuevo orden o funcionamiento de la Ventanilla Única, pero la lista es más amplia:

1. Identificar las instituciones o agencias de gobierno que participan, crear una autoridad de gobierno de V.U.; **2.** Unificar formularios entre instituciones; **3.** Creación de nuevos cargos y funciones; **4.** Creación de organismos interinstitucionales de control y seguimiento; **5.** Aspectos de recaudación de ingresos propios como: tributos donde se incluyen impuestos, derechos, exenciones, exoneraciones, suspensiones, tasas y servicios; **6.** Desarrollo o compra de soluciones informáticas a medida y todo lo que implica su administración de bases de datos, códigos fuentes cuando corresponda o pago de licencia de uso, seguridad, trazabilidad, interfaces, auditorias, firma electrónica, validaciones de formularios, documentos digitales, registros de administrados o usuarios, protección de la data, otros; **7.** Elaboración de reglamentos, manuales, capacitación; **8.** Controles del paso de medios de transporte, mercancías y pasajeros; **9.** Certificación o autenticación de los usuarios del comercio exterior: en cuanto a homologarlos con la V.U., sus interfaces de información, firmas electrónicas y demás aspectos tecnológicos a registrar de previo, tal como precintos electrónicos y otros dispositivos de convergencia tecnológica para diversas mediciones.

En estos casos las regulaciones regionales o de tratados comerciales no deberían representar un obstáculo para crear estas oportunidades facilitación. Las leyes nacionales normalmente sufren reformas y derogaciones totales en algunos casos de implementación de V.U. Es habitual amparar la V.U., con la legislación moderna.

Con estas cláusulas de referencia precedentes se trata de configurar instrumentos de futuro para que usen y ejecuten las autoridades que resultarán competentes para servir en V.U., a fin de canalizar lo creado o por crear, en un ambiente digital y ponerlo en marcha como un nuevo valor en los servicios públicos.

Las eventuales consultorías deben ser capaces de conocer todos los elementos de las fases de la guía de V.U., pero también las necesidades de la industria en general o sectores privados sujetos de comercio exterior. Ejemplo: se puede destacar el conocimiento teórico-práctico de los procesos críticos de la cadena de suministro y todos los aspectos logísticos. Deben conocer las necesidades de los dinamizadores de la economía, operadores económicos y auxiliares de la función pública.

Es vital el dominio total de las funciones a realizar en V.U., como la obtención y cancelación de licencias, registros y permisos. Los responsables deben estar familiarizados con los procesos de formación de leyes y reglamentos, organigramas, definiciones de cargos y asignación de funciones.

En la Fase I es importante conciliar los diferentes criterios dentro de una misma institución y de varias al mismo tiempo, a fin de plasmarlos en un solo cuerpo de ley, reglamento, formulario o instrumento digital. No menos importante es contar con diseñadores de software ad hoc especialistas en los lenguajes de programación más convenientes para las interfaces entre agencias de gobierno y sector privado, basados en el modelo de dato de la Organización Mundial de Aduana.

Ejemplo de simplificación en puertos de la unión europea.

Directiva 2010/65/UE del Parlamento Europeo y del Consejo. 20 de octubre de 2010. Esta disposición establece las formalidades informativas exigibles a los buques a su llegada o salida de los puertos de los Estados miembros. La conveniencia de armonizar el procedimiento de comunicación entre autoridades competentes para todas las formalidades aduaneras existentes en el caso de tráfico marítimo.

La Directiva (o normativa comunitaria) se aplica a las formalidades informativas aplicables al transporte marítimo de buques a su llegada o salida de puertos de los países de la Unión Europea (U.E.).

Cada país de la UE deberá garantizar que las formalidades informativas de sus puertos se soliciten de manera armonizada y coordinada. El capitán o cualquier otra persona debidamente autorizada por el operador del buque deberán notificar a la autoridad nacional competente, antes de la llegada a un puerto situado en un país de la U.E., los datos exigidos por las formalidades informativas.

Transmisión electrónica de datos. Los países de la U.E., aceptarán el cumplimiento de las formalidades informativas en formato electrónico a través de una ventanilla única lo antes posible y no más tarde del 1 de junio de 2015. La ventanilla única será el punto en el que se comunique toda la información una sola vez y se ponga a disposición de las distintas autoridades competentes y los países de la U.E. Los países de la U.E., deberán cerciorarse de que la información recibida de conformidad con las formalidades informativas esté disponible en su sistema SafeSeaNet nacional y pondrán a disposición de los demás países de la U.E., las partes pertinentes de esa información a través del sistema.

Los países de la U.E., aceptarán los formularios FAL para el cumplimiento de las formalidades informativas y podrán aceptar que la información requerida se facilite en soporte de papel únicamente hasta el 1 de junio de 2015.

En este ejemplo se deja ver el interés de no uso de papeles en los puestos fronterizos, uso de sistemas informáticos, coordinación entre diferentes autoridades, información digital anticipada, el interés y voluntad política de la U.E., de facilitar y ventilar todo por la vía de la V.U.

Modelo de datos de la Organización Mundial de Aduana.

El modelo de datos de la Organización Mundial de Aduana, según la definición que brinda la misma entidad, es un conjunto máximo de datos cuidadosamente combinados y armonizados, como requisitos derivados de la amplia y diversa regulación transfronteriza.

El Modelo de Datos se basa en las disposiciones de facilitación del Convenio de Kyoto Revisado, que invita a las administraciones aduaneras solicitar datos mínimos en cada régimen aduanero para garantizar el cumplimiento de las leyes aduaneras.

Las versiones actualizadas del Modelo de Datos de la Organización Mundial de Aduana, incluyen información pretendida por otras instituciones o regulaciones transfronterizas adicionales y diferentes a las aduaneras. Es decir, que no solo se ha pensado en el servicio y control aduanero existente en frontera, ahora se incluyen otros entes. Esta idea crea la fórmula de servicio y control:

Gobierno a Negocios (Government to Business o G2B) por sus siglas en inglés.

Específicamente está referido a los servicios de las demás agencias de gobierno que operan en frontera o para permitir el ingreso, tránsito o salida de mercancías de un territorio aduanero.

Los sistemas informáticos basados en el Modelo de Datos, toman la forma de ser compatibles con otros sistemas usados por estas autoridades. Con el Modelo de Datos, se están adoptando nombres de sistemas informáticos gubernamentales que podrían no centrarse únicamente en la aduana, debido a que se están incorporando otras autoridades de control y de autorizaciones transfronterizas, todas de facilitación, ante tales transformaciones surgen sistemas informáticos de atención con nombres incluyentes como: Regulación de Gobierno Transfronterizo.

Es decir, todo el gobierno en V.U., para la liberación o clareo transfronterizo de mercancías, personas y medios de transporte.
Algunos beneficios:
1. Mayor eficiencia operativa;
2. Mayor agilidad en el intercambio de información; 3. Posibilidad de integración con los sistemas internos; 4. Reducción de costos y aumento de la competitividad; 5. Igualdad de oportunidades para todos los usuarios – administrados.

6. Aumento de los niveles de calidad de servicios. Información actualizada, moderno modelo de registros - autenticación de usuarios.

Ventanilla Única para el Arco del Pacífico.

En el año 2012 el Banco de Desarrollo de América Latina, (Juan Carlos Elorza V.) publicó el documento llamado Políticas Públicas y Transformación Productiva, donde describe que apoyó el desarrollo de la Ventanilla Única de Comercio Exterior o VUCE de Perú. Por otra parte, recientemente el Banco aportó fondos para el desarrollo de la primera fase de un piloto de interoperabilidad de ventanillas únicas de comercio exterior en la región, adelantado por el Sistema Económico Latinoamericano y del Caribe: SELA.

Este piloto se desarrolló, en primera instancia, con las VUCE de Colombia y Panamá, con la mira puesta en la consolidación futura de una ventanilla regional en el denominado Arco del Pacífico (México, Guatemala, El Salvador, Honduras, Nicaragua, Costa Rica, Panamá, Colombia, Ecuador, Perú, Chile).

Ampliando un poco sobre estos avances, desde el 2004 en Colombia ya existía la Ventanilla Única creada por decreto que, pese a la época ya regulaba la mayoría de los contenidos sustanciales que hoy vemos en este moderno servicio al comercio exterior y que puede servir de guía práctica y proveniente del derecho comparado.

Ejemplo de Ventanilla Única de Comercio Exterior –VUCE– de Colombia fue creada mediante Decreto 4149 de 2004.

En sus partes de interés regulatorio, uso de tecnología y de modernización de servicios señala:

Ventanilla Única de Comercio Exterior –VUCE– Administrada por el Ministerio de Comercio, Industria y Turismo, por medio de la cual las entidades relacionadas a la materia, soportada en medios electrónicos, compartirán información con los usuarios y realizarán las siguientes actividades:

A) Tramitar las autorizaciones, permisos, certificados o vistos buenos previos que exigen las diferentes entidades competentes para la realización de las operaciones específicas de exportación e importación y

B) Consultar información relacionada con los procedimientos previos a la importación y exportación. Las entidades deberán implementar mecanismos para recibir, brindar y compartir información en los medios electrónicos en red y en línea.

Los recaudos realizados en Ventanilla Única se harán por los medios electrónicos. Con la entrada en vigencia de este servicio único debe usar formulario único de comercio exterior o FUCE.

De la breve redacción de este Decreto se rescata información que goza de actualidad, pero con carácter de perfectible, la esencia de la V.U., está contenida en las líneas de Decreto, pero es importante destacar la existencia del documento digital denominado FUCE, el mismo es incluyente de toda la información que antiguamente se usaba o se usa en cada entidad pública o agencia de gobierno.

Tiene además contenido de certificado de origen ya que registra a productores y exportadores. Otra actividad regulada importante a destacar, es el mandato bien claro de realizar la inspección de mercancías de forma simultánea, las entidades acuden conjuntamente en un solo acto de inspección de todo lo que ingrese y salga del territorio aduanero en cualquier frontera, puerto o aeropuerto.

Existen restricciones de ley para las entidades de realizar actos de inspección o requisitos antojadizos no contenidos en la excepción de las autoridades relacionadas a la seguridad nacional.

Modernamente a estas regulaciones se deben agregar otras, que los organismos internacionales antes descritos han aportado como guías, manuales y textos específicos con claros propósitos.

A primera vista FUCE no se ve como un documento muy destacado. Pensemos en la coordinación previa en cada agencia de gobierno y luego con las demás relacionadas que pueden ser en número de cinco o más y que usan diferentes leyes, reglamentos, procesos, procedimientos y manuales para emitir permisos, licencias o gestiones de control, recaudación y seguridad. En resumen, FUCE representa la voluntad política e inversión en el cambio.

Capítulo IV.

Consideraciones sobre la implementación de V.U.

1.- Se debe considerar que el tiempo es un factor importante para cumplir las fases sugeridas: I. Fase de Incubación y Planeación Estratégica, II. Fase de Establecimiento y Consolidación y III. Fase de Desarrollo, Implementación, Evaluación.

2.- Otro aspecto a considerar es el método y el tiempo a consumir en la coordinación entre las diferentes agencias de gobierno que normalmente intervienen en estos procesos transfronterizos: destaco únicamente el aspecto de seguridad en el sentido amplio de la palabra: humana, animal, vegetal, seguridad nacional, seguridad pública, recaudatoria de tributos, seguridad internacional, reguladores del espectro radio eléctrico, energía en todas sus formas: nuclear, hídrica, eólica, vapor, hidrógeno, solar y nuevas formas. En fin, a todas les llega o llegará un cambio profundo, donde la cultura institucional dará un giro esencial inevitable.

La nueva relación entre agencias de gobierno y empresas privadas, inversores o administrados, está basada en leyes claras, procesos predecibles, gestiones en ambiente digital y constante innovación entre ambos actores, por su indisoluble o eterna relación, de cara a convertir nuestras naciones más competitivas.

El Compendio de la Organización Mundial de Aduana, sobre la creación de Ventanilla Única establece una relación de servicios, personas, leyes, procesos y tecnología.

La información proveniente de las partes interesadas se transmite a la autoridad por medio de una plataforma digital que utiliza internet para unirlos. La información del tránsito, importación, exportación, se realiza a un solo lugar de una sola vez. Lo anterior sería parte de los nuevos resultados de la implementación y puesta en marcha de la V.U.

Los gobiernos de base tecnológica, al facilitar el comercio exterior tendrán un impacto en la facilitación, recaudación, percepción de servicios ágiles, seguros y conservan las atribuciones de realizar controles a posteriori en el recinto de los importadores y exportadores, independientemente de la agencia de gobierno de que se trate.

Ha cobrado actualidad la facilitación del comercio. Todos los sectores apoyan la adopción de un servicio que simplifique drásticamente la interacción con los organismos de control en frontera al rediseñarse todo el aparato de gobierno que interviene en los movimientos transfronterizos de mercancías, con el fin de satisfacer las necesidades específicas de las empresas (Ejemplo: transportistas terrestres, aéreos, navieras, importadores y exportadores).

El cambio más importante entre las instituciones y agencias de gobierno radica en la pérdida o transferencia de potestades ejecutivas, autorizantes y regulatorias, se confieren a otras autoridades, creadas por medio de nuevas regulaciones jurídicas, reglamentos y organigramas. Se crearía una súper autoridad de V.U. Es un cambio de mentalidad política, salvo que alguien pueda conciliar estos cambios inminentes con los modelos anteriores.

No es un cambio de relación de poder, es una centralización de servicios promovida por cada gobierno, como una política de modernización al integrar el proceso de tránsito, entrada y salida de mercancías unificando agencias de gobierno o instituciones.

Dentro de la primera fase antes presentada, se encuentra la idea de V.U., que debe materializarse mediante un mandato o aceptación política. Esta etapa permite crear la propuesta estratégica. En la fase de establecimiento y consolidación aparecen nuevas figuras como los requerimientos definidos estratégicamente por la autoridad, entre ellos la descripción de necesidades o términos de referencia, para finalizar con una implementación mediante la entrada en funcionamiento directo o por medio de pilotos graduales.

El crecimiento económico de cada país tiene que ver con la inversión nacional y extranjera y el fomento de la producción y del comercio exterior. Las autoridades que fomentan la inversión extranjera deben ser consecuentes con sus actos y dictados, en el sentido apuntar a sus propios objetivos y a los de las demás instituciones, para crear condiciones de facilitación, servicio y control del comercio exterior, de lo contrario la promoción del país se convierte en la venta de imposibles y obstáculos institucionales a los inversionistas, toda vez que no exista predicción de procesos o estandarización de procesos, falta de capacitación a funcionarios que atienden al público, improvisación de requisitos, innecesarias inspecciones y subjetividades para no pecar de menos o de más (que le acarree un castigo al funcionario) durante una duda de autoridad inexperta en pleno despacho.

El aumento de la competitividad de un país en el entorno internacional está apoyado por la modernización de las instituciones, que constituye un componente transversal a mantener en agenda (agenda caliente). En este sentido, agregamos otros temas de interés a redefinir, como los relacionados a la necesidad de evitar castigos prolijos a los actores del comercio exterior, operadores económicos y auxiliares de la función pública.

Castigos que hoy se aplican a factores de comercio exterior por infracciones, cuyas causales podrían desaparecer por la anticipación documental, predicción, transparencia modernización de los servicios, por el trabajo preventivo y no reactivo de la autoridad, siempre que el caso lo permita. Notemos que el ejercicio natural del comercio genera infracciones leves y graves que están afectando a los administrados. El servicio público acumulado en V.U., debe resolver de forma eficaz estos casos o reclamos.

La lista es mayor, pero resumimos los temas de relevancia: preventivamente se puede crear revisores documentales o validadores previos a toda entrada y salida de mercancías al territorio aduanero, en instancia del sector público (institución o agencia de gobierno) dentro del a V.U., o tercerizado, para fines de una correcta clasificación arancelaria, descripción comercial de mercancías, valoración, certificados o determinación de origen, permisos, registros y licencias. Ejemplo: la legislación aduanera uniforme Centroamericana ya regula desde el año 2009 el validador y todo fue autorizado por los mecanismos de la integración. Esta figura con cierta novedad entraría al estudio que se realiza en la primera fase de implementación de V.U., desde luego que inteligentemente permite evitar infracciones innecesarias.

El interés con un validador previo es desaparecer causales de castigos innecesarios a los actores del comercio exterior. Con una revisión previa digital on line se avanzaría a la facilitación y eliminación de obstáculos al comercio. El servicio bajo un cargo o sin él, la figura pretende generar más confianza entre el sector público y el privado. El software de la autoridad y funcionarios especialistas o servicios en concesión o tercerizados, podrían validar previamente todo el contenido o parte de la Declaración Única Aduanera o del Valor en Aduana, junto a los documentos que la sustenten.

Guía Normativa Jurídica de la Ventanilla Única.

Los componentes fundamentales de la simplificación están basados en la identificación de necesidades y expresión voluntad política, política tributaria y recaudación, el establecimiento de metas sobre la simplificación, la creación o existencia del instrumento legal per se, las definiciones, los objetivos generales y específicos, los sujetos que participan, el ámbito de aplicación y las tres fases reveladas para implementar y desarrollar la V.U.

La tarea de crear una superestructura de servicios públicos para facilitar el comercio transfronterizo, implica crear una autoridad o agencia de gobierno superior. Estructura de mando superior o superestructura en V.U., como autoridad única, sería el resultado de la acumulación de instituciones o agencias de gobierno. Tendría carácter de superintendencia o comisión de carácter interinstitucional con funciones, obligaciones, deberes, derechos y autonomía administrativa.

Las regulaciones a V.U., tienen propósitos y objetivos mínimos de servicio, control, recaudación, seguridad, simplificación administrativa, entre las más destacadas:

1. La normativa jurídica de V.U., que garantice su creación, claridad en sus funciones, administración, definición de procesos basados en las leyes propias de cada entidad, institución o agencia de gobierno, junto a los tratados internacionales (de todo tipo-usando las disposiciones de la Convención de Viena sobre los Tratados) que intervengan. En los casos de procesos y procedimientos específicamente se deben respetar los acuerdos existentes sobre integración, libre comercio, propiedad intelectual, sanidad, seguridad, medicina, energía, ambiente, hidrocarburos, telecomunicaciones y otros no menos importantes.

2. Funciones. Debe estar basada en una estructura orgánica y funcional con pesos y contra pesos para el correcto uso y funcionamiento de recursos, objeto de control permanente por parte de las autoridades superiores y de control Estatal. Definición de funciones y empoderamiento para delegar la toma de decisiones de los funcionarios a fin de garantizar las tareas de brindar soluciones instantáneas sin improvisaciones por desconocimiento, ambigüedades y contradicciones, so pena de pago de infracción o castigo inmediato al funcionario.

3. Establecer controles de desempeño y rendimiento para garantizar el cumplimiento de objetivos y metas de servicio y atención al usuario.

De esta forma las instituciones podrán progresar obteniendo lo que se espera de cada autoridad o colaborador. Se pueden emular los premios y castigos por rendimiento que utiliza la empresa privada para estimular y crecer con un servicio público de clase mundial.

4. Claridad en los conceptos y procedimientos de facilitación. Eliminar obstáculos técnicos que encarecen el comercio exterior y reciclan inútilmente el tiempo de importación, transito o exportación. Garantizar la aplicación de tratados sobre regulaciones en frontera, al que el país se haya adherido.

5. Creación de instrumentos y vigilancia del comportamiento ético funcionarios de V.U.

6. Capacitación en los verdaderos fines de V.U., integración en sistemas informáticos entre agencias de gobierno, legislación y servicio al cliente.

7. Contratación de personal nuevo de alto perfil profesional con salarios acordes, con capacidad de facilitar y solucionar.
8. Uso de encuestas al usuario y auditorías a funcionarios.

9. Establecimiento de mecanismos de reclamos con procedimientos claros y breves, con inclusión de silencio administrativo positivo.

10. Lista de infracciones administrativas y tributarias incluyente de todas las entidades que participan en V.U., con claridad del respectivo castigo.

11. Apertura a consultas on line y funcionarios que proporcionen respuestas inmediatas.

12. Regulación de los roles de las instituciones que intervienen en el tránsito o comercio transfronterizo, a fin de evitar retenciones, atrasos y requerimientos unilaterales que desvirtúen la naturaleza de la V.U. Ejemplo: la implementación de la inspección única de mercancías.

13. La divulgación y capacitación permanente sobre las bondades del servicio.

14. Crear las disposiciones administrativas sobre presupuesto, recaudación, ingresos, distribución y patrimonio.

15. Crear las disposiciones de coordinación entre agencias de gobierno.

16. Regulación sobre intercambio de información con autoridades internacionales o agencias gubernamentales de otros países. Cooperación internacional.

17. Establecimiento de objetivos a medianos y corto plazo.

18. Regulación sobre licitar servicios nacional e internacionalmente, tales como pero no limitados a: concesiones, consultores, tercerización de servicios, T.I.C., o uso de software, hardware y medios de comunicación. Ejemplo: uso de precintos aduaneros digitales reutilizables; uso escáner para revisión de mercancías.

19. Asistencia técnica, nacional e internacional. Participación en foros y reuniones internacionales para conocer y procurar transferencias tecnologías.

20. Programa de responsabilidad con el medio ambiente.

21. V.U., certificada para emitir informe oficial de gestión y recaudación.

22. Atribuciones para presentar anteproyectos o elaboración de propuestas de leyes y reformas. Elaboración de reglamentos internos, manuales e instrumentos técnicos de procedimientos.

23. Regulación sobre conocimiento y correcta aplicación de Tratados de Libre Comercio en V.U.

24. Creación del validador previo y servicios similares.

Guía Módulos Sistema Informático V.U.

Considerando que la V.U., reúne aproximadamente entre 10 a 30 instituciones, agencias de gobierno o entidades, la complejidad de los sistemas informáticos va en aumento en la medida que los usuarios internos y externos expresan sus necesidades que luego se traducen en algoritmos de solución.

Módulos o contenidos de interés para un software de V.U.:

1. Módulo de administración o guía actualizada el Modelo de datos de la Organización Mundial del Comercio. Esta información digital está más relacionada al trabajo de los desarrolladores informáticos, no obstante tiene efectos en los usuarios internos como las instituciones o agencias de gobierno y en los usuarios externos como los medios de transporte, importadores y exportadores.

2. Módulos sobre Seguridad Electrónica.

3. Módulo para entidad, empresa o firma neutral y vigilada, dedicada a Certificar el Registro digital para factores de comercio antes de usar la Ventanilla Única, tales como: Importadores, exportadores y transporte de carga y de personas. Debe existir actualización permanente del registro digital certificado u homologación.

4. Módulo sobre el acceso remoto y llenado del formulario de comercio exterior para el proceso de uso de regímenes aduaneros de importación,

exportación o transportación de carga o personas. Ejemplo: declaración anticipada.

5. Módulo de Regímenes Aduaneros: Importaciones, exportaciones y tránsito/transporte en todas sus modalidades.

6. Módulo pago de tributos en tiempo real o en línea: impuestos, derechos, tasas por servicios, uso de transmisión de datos, entre otros. Enlaces con organismos bancarios. Normalmente esta triangulación se da entre las instituciones o agencias de gobierno, los usuarios y los bancos autorizados.

7. Módulo de visores de gestión en tiempo real y generación de estadísticas, para las diferentes instituciones o agencias de gobierno y usuarios. Administración de minería de datos y de procesos.

8. Módulo de registro para inspección de mercancía de forma simultánea (todas las instituciones o agencias de gobierno a la vez, una sola vez) control de resultados, reclamos y autorizaciones.

9. Módulo de administración de recursos humanos. Expediente con seguimiento y control digital.

10. Módulo de estatus de mercancías en diferentes regímenes: tránsito, temporal, suspensivo o liberatorio. Ejemplo: mercancías en almacén fiscal,

zonas francas, admisión temporal para perfeccionamiento activo o mercancías importadas con reexportación en el mismo estado.

11. Módulo contabilidad y finanzas.

12. Módulo de enlace con usuarios externos como instituciones o agencias de gobiernos nacionales e internacionales.

13. Módulo de control y homologación de dispositivos de convergencia tecnológica, como precintos digitales y similares, reutilizables que cuentan con sistemas de localización global, detecciones varias, video y medición de temperatura, entre otras aplicaciones. Estos dispositivos o hardware cumplen diversas funciones a favor del comercio y la facilitación y en la práctica se facilita el control cruzado entre sector privado (navieras, importadores, exportadores, intermediarios) y las agencias de gobierno.

14. Módulo de consultas externas de usuarios mediante aplicaciones móviles.

15. Módulo de consulta anticipada de clasificación arancelaria y aranceles. Consulta sobre valores en aduana de las mercancías.

16. Módulo de regímenes especiales como: proyectos o importaciones de instituciones o

agencias de gobierno, contingentes arancelarios, exoneraciones, exenciones, impuestos especiales, derechos compensatorios y similares.

17. Módulo para autoridades portuarias o aeroportuarias.
18. Atención a preguntas frecuentes sobre cada institución o agencia de gobierno.

Autoridades que intervienen en V.U.

De conformidad con la política administrativa de cada país, la cantidad de instituciones o agencias de gobierno varían, no obstante, existen denominadores comunes que son permanentes como actores activos en el comercio transfronterizo. Recordemos que los nombres de cada entidad pueden variar entre países.

A continuación, una breve descripción de las autoridades en V.U., con participación directa e indirecta o eventual.

1. Aduana.
2. Ministerio de Comercio.
3. Salud: alimentos, medicina humana y similares.
4. Agricultura y/o agropecuario.
5. Defensa nacional.
6. Hacienda.
7. Banco Central.
8. Superintendencias.

9. Tributos.
10. Relaciones Exteriores.
11. Policía Nacional.
12. Transporte.
13. Telecomunicaciones.
14. Hidrocarburos.
15. Energía: limpias, nuclear.
16. Industria.
17. Ambiente.
18. Minera.
19. Pesca.
20. Turismo.
21. Entidades de la integración.
22. Zonas Francas y regímenes especiales.
23. Bancos públicos o privados.
24. Fomento a inversión extranjera.
25. Empresas administradoras de servicios en concesión o tercerizados: puertos, aeropuertos, certificadoras de firmas electrónicas, servicio de escáner de mercancías y similares.

Usuarios o administrados que intervienen en V.U.

La contra parte de la lista que antecede la componen los usuarios o administrados, entre ellos: viajeros o personas en tránsito, personas entrando y saliendo de cada país; importadores de mercancías permanentes y eventuales en todas sus modalidades o regímenes; exportadores de mercancías permanentes y eventuales en todas sus modalidades o regímenes; empresas de transporte de personas y mercancías en todas sus modalidades; empresas sometidas a regímenes especiales; instituciones o agencias de gobierno que importan o exportan; organismos no gubernamentales; inversores nacionales y extranjeros; gobiernos extranjeros por medio de representaciones diplomáticas o embajadas; proyectos especiales de particulares o gobierno; auxiliares de la función pública: depósitos aduaneros, transportistas, puertos libres, agencias aduanales; consolidadores de carga; bancos en sus diferentes modalidades de servicios como créditos documentarios y almacenes financieros; particulares, PYMES, MIPYMES, empresas nacionales, transnacionales, entre otros.

Capítulo V.

Comercio digital y regulaciones futuras para V.U.

Hasta ahora hemos visto la V.U., como un vehículo facilitador para que el usuario ingrese la información de sus mercancías objeto de comercio exterior y anexos a la página web designada, paga tributos, la autoridad recibe, revisa, dictamina y autoriza o rechaza y notifica todo de forma ágil y digital.

Por medio de internet, redes digitales, redes sociales, se producen de forma expedita relaciones de comercio, contratos de todo orden, relaciones sentimentales, publicidad, exhibición de productos y de servicios que intensifican las actividades y servicios gubernamentales, especialmente los dirigidos a actividades puramente recaudatorias, de control y seguridad nacional. Estos rápidos accesos al intercambio redundan en las facilidades de vida que el ser humano se procura por medio del acceso y uso de las tecnologías.

Por estas razones las legislaciones nacionales están llamadas a crear leyes relativas a regular las actividades mercantiles internacionales realizadas por la vía digital, aunque se entiendan iguales a las que ya existen o están reguladas en un ámbito no virtual. Realmente coexisten diferencias imperceptibles entre el ambiente mercantil virtual y físico. De esta forma nacen y se reforman constantemente leyes de comercio electrónico y la forma de tributar, administración y protección de datos privados, firma electrónica y regulación de mensajes de datos y de almacenamiento.

El reconocimiento jurídico a una serie de actos comunes de la vida real, ahora en ambiente virtual, digital o por internet, hace que enfrentemos una dinámica sofisticada.

La cotización y las órdenes de compra on line, en tiempo real, son el inicio y detonantes de una serie de relaciones jurídicas en la cadena de suministro y autoridades de despacho de salida y de entrada de mercancías en cada país.

Chat telefónico y correo electrónico. En muchos casos entre empresas exportadoras e importadoras no existe contrato internacional de compra y venta de bienes o servicios. Menos que existan regulaciones sobre precios, compra y propiedad intelectual: crédito o contado, tiempo de pago, entrega, término de comercio.

No tradicional: las partes no se conocen y el comercio fluye sin importar las personas y empresas, son más importantes las contraprestaciones a la distancia: pago vs mercancías.

Esto ocurre en la triangulación de servicios de compra y venta internacional en línea: un trader en un país está realizando órdenes de compra a otro país por pedido de un tercer país.

Qué están haciendo los sistemas nacionales para apreciar correctamente esta relación y cómo la regularán en los campos de interés nacional que correspondan. A este ejemplo podemos agregar otras tareas no menos importantes como: lo que están haciendo los países sobre contrabando, defraudación, seguimiento a precios transferencia, control de dumping, control de tributación por uso de marcas y derechos de autor y control de derechos compensatorios, inversión en paraísos fiscales.

El valor de cada correo electrónico o chat telefónico que genera una transacción de comercio, sorprende a autoridades que suelen realizar controles haciendo uso de desgastados formatos de trazabilidad inversa documental, donde, por ejemplo, no se deja ver ninguna pregunta sobre si el comercio se realizó electrónicamente.

Al realizar un control a posteriori a la importación o basar una auditoría aduanera en formatos anacrónicos, la autoridad tiene la posibilidad de llegar a conclusiones equivocadas por no contar con normativa jurídica apropiada, ni formatos para enfrentar la nueva realidad y en especial se desconocen las nuevas formas de hacer comercio electrónico. Por estas causas las instituciones o agencias de gobierno deben vigilar el comercio exterior para comprender el entorno de intercambio de bienes y determinar si amerita regulación.

Es así que el reconocimiento de un sencillo correo electrónico que desató el comercio exterior entre dos empresas (exportador – vendedor e importador comprador) en algunas legislaciones sigue admitiéndose de facto, otras ya regulan la firma electrónica y el contenido de los firmantes de estos pedidos vía correos electrónicos.

También puede estar pasando que exista la regulación, pero las partes no la observan.

Modernamente las comunicaciones y firmas electrónicas forman parte de medios probatorios del comercio exterior, útiles en cualquier foro. En Centroamérica el último protocolo de modificación al Código Aduanero, regula el uso de las tecnologías de la información y comunicación para todos los sujetos que participan, autoridades y auxiliares de la función pública aduanera. Las firmas electrónicas o digitales, los códigos, claves de acceso confidenciales o de seguridad equivalen, para todos los efectos legales, a la firma autógrafa de los funcionarios y empleados aduaneros, auxiliares, declarantes y demás personas autorizadas por el servicio aduanero.

Solo el tema de la firma electrónica y la V.U., ocupa un capítulo importante en las legislaciones en diferentes países donde se intenta regular todo sobre: definir en mejor forma lo que es una firma electrónica compuesta de datos electrónicos consignados en un mensaje y que puedan ser utilizados para identificar al titular de la firma en relación con el mensaje de datos, e indicar que el titular de la firma aprueba y reconoce la información contenida en el mensaje de datos. A la firma electrónica se le ha brindado el carácter de firma manuscrita asociada a los datos del mensaje.

El uso controlado de firmas electrónicas es vital en el proceso de certificación previa de todo usuario de V.U. El interesado al registrarse por primera vez ante la autoridad (certificación, autenticación u homologación) expresará toda la información de la empresa y representantes legales autorizados para solicitar y gestionar.

Toda esta información es relevante para el comercio moderno que utiliza plataformas digitales cada día más fáciles de acceder en ambiente web (en contraposición a software cliente - servidor). Es valioso para las autoridades la pertinencia y exactitud de los documentos de comercio y el contenido de correos o chat telefónicos para fines de valoración de control, servicio y tributación.

El comercio electrónico no es muy diferente a las formas de hacer comercio tradicional, la diferencia es la inmediatez, se difunde por diferentes medios digitales más rápido. Los vendedores en línea usan sus propias plataformas digitales de venta y comunicación con el comprador, son medios de intercambios masivos de bienes tangibles e intangibles y servicios, diferentes a los pedidos realizados por correo electrónico o chat.

Frente al comercio electrónico dinámico, activo, existen contratos formales tradicionales motivados por una relación de muchos años o de alto volumen de compra y venta. A continuación, se deja ver cómo se puede manifestar la compraventa internacional de mercadería tradicional o en la red:

a) Business to Business. Está referido a las empresas que hacen negocios entre sí. Ejemplo: fabricantes que venden a distribuidores. Mayoristas que venden a los minoristas;

b) Business to Consumer. Es la empresa que vende al público en general por catálogos electrónicos y similares;

c) Consumer to Business. La transacción se materializa a partir del interés del consumidor de revisar las ofertas de la o las empresas que ofrecen el producto o servicio y a partir de intercambios de información se toma la elección de adquirir el bien o servicio;

d) Consumer to Consumer. Está referido a sitios en internet donde los consumidores tienen un punto de encuentro para intercambios comerciales, entre ellos: foros, subastas, clasificados. Cuentan con asistencia de pago en línea facilitada por terceros dedicados a actividades financieras internacionales autorizadas, entre estas: las tarjetas de créditos, transferencias y otros medios que ofrecen facilidad de pago incluyendo bitcoin que es un medio de intercambio en evolución por estos días, es libre para facilitar el intercambio de bienes y servicios, sin el respaldo o control de un banco central o emisor.

Más temprano que tarde las autoridades aduaneras tendrán duda de valor en frontera, por mercancías adquiridas por medio de moneda virtual como bitcoin, para lo cual aún no existe regulación.

En la medida que crece el comercio electrónico crece el servicio en V.U. Con la implementación de V.U., de última generación y un activo comercio electrónico, la relación simbiótica se produce más o menos de la forma siguiente: Gobierno (instituciones o agencias de gobierno) – Bancos - Usuarios.

Precinto Aduanero Electrónico.

El candado es la palabra coloquial de precinto aduanero (marchamo) concepto originario de la resina líquida caliente que se derramaba antiguamente en las cartas o sobres de carta, a la que se le aplicaba un sello con leyenda o escudo real o familiar, garantizaba la privacidad de su contenido ante cartero o extraños. Con el desarrollo del comercio se ha convertido en un dispositivo físico mecánico y luego hardware aliado de los comerciantes, transportistas y del servicio aduanero. Es utilizado para asegurar contenedores de todo tipo y depósitos donde la mercancía aún se encuentra pendiente de pago de tributos a la importación - exportación.

Corea del Sur y Costa Rica cuentan con regulación sobre precinto electrónico, reutilizable en la mayoría de los casos. Ambos ejemplos permiten comprender que la normativa de la mano con los avances tecnológicos, es una tendencia a la que las agencias de gobierno deben acostumbrarse.

Parte del contenido de las regulaciones en esta materia. La autoridad identifica a los usuarios, el nombre del registro puede variar entre países: certificación, autenticación u homologación. Existe un inventario de dispositivos listos para ser habilitados en los contenedores, que luego serán monitoreados vía satélite por cada una de las partes interesadas: propietario de la mercancía, transportista y autoridades.

Los beneficios de este dispositivo además de su original función de asegurar la integridad de la carga:

a. Geo-localización. Captura y almacenamiento de la información de la mercancía, medio de transporte, transportista y datos particulares asociados. Permite conocer dónde se encuentra la mercancía y en tiempo real.

b. Asocia la información como manifiesto de carga, lista de empaque a la Declaración de Internacional de Carga - Transito.

c. Vigilancia del cumplimiento de rutas y horarios fiscales. d. Información anticipada puede ser compartida a otras autoridades no aduaneras con intervención en frontera. e. Uso en territorio aduanero nacional, ampliable a dos o más territorios aduaneros.

La regulación de Costa Rica, lo define como un dispositivo físico de seguridad que se coloca en las unidades de transporte de mercancías bajo control aduanero, de manera que aseguren la integridad de la carga mediante registro de todos los cierres y aperturas que experimente y que permite la ubicación en tiempo real de la Unidad de Transporte durante su recorrido por el territorio nacional, con la ayuda de un sistema de monitoreo.

Otros dispositivos. Existen dispositivos de captura de datos, para aplicación dentro de los contenedores, están a disposición en el mercado y complementan las bondades mencionadas, creados para medir temperatura interna de contenedores, miden y transmiten el movimiento al que es sometida la mercancía (útil para transporte marítimo y aéreo) detección de averías o desautorizadas aperturas del contenedor durante el recorrido transfronterizo y miden la humedad interior.

Estas y otras tecnologías se van integrando gradualmente al comercio exterior y a los procesos de despacho y control en V.U. Convención de las Naciones Unidas sobre los contratos de compraventa internacional de mercaderías.

La V.U., es el lugar donde impactan las consecuencias de la negociación de comercio exterior. Aunque la fuente y estructura legal internacional sobre compraventa internacional exista, no significa que tenga uso continuo u ordenado en el sector privado internacional, salvo las empresas con cierto orden y otras que cumplen estándares o certificaciones, pero en general debería cambiar la forma de hacer comercio y formalizarse no solo la compraventa de mercancías, sino también la transportación de las mismas, propiedad intelectual, seguros, servicios de valor agregado y otros.

La Convención internacional regula la formación del contrato de compraventa y los derechos y obligaciones del vendedor y del comprador, establecidos en Estados diferentes. Las partes quedarán obligadas por cualquier uso en que hayan convenido y por cualquier práctica que hayan establecido. El contrato de compraventa no tendrá que celebrarse ni probarse por escrito, ni estará sujeto a ningún otro requisito de forma. Podrá probarse por cualquier medio, incluso por testigos.

Parte de las obligaciones: comprador y vendedor. Desde la cotización y oferta comienza a producirse una serie de relaciones entre dos o más partes ubicadas en diferentes territorios aduaneros. El contrato verbal o escrito, tiene una fuente que son los intereses de cada parte y los documentos que lo sustentan a como lo señala la Convención. Ejemplo: El plazo de aceptación fijado por el oferente en un telegrama o en una carta, comenzará a correr desde el momento en que el telegrama sea entregado para su expedición o desde la fecha de la carta o, si no se hubiere indicado ninguna, desde la fecha que figure en el sobre.

Se deja ver que existe una información y una comunicación (no importa el vehículo que utilice para transmitirla) es responsabilidad con consecuencias en caso de variar lo acordado. Aunque no se establezca el correo electrónico en el texto de la Convención y aún con reformas, otras leyes ya regulan el uso y control de firma electrónica dentro de un correo electrónico que porta un contenido o mensaje.

Lo cierto es que existe suficiente legislación internacional y local para mantener orden y control en la esencia comercio exterior a partir del comprador y vendedor. Esta trazabilidad documental del comercio, aún por correos electrónicos que aparentan ser informales en su presentación y redacción, es importante para las autoridades de despacho en frontera y para controles a posteriori. V.U., termina siendo receptora de estas comunicaciones y es la mejor oportunidad para que las mismas sean coherentes.

Sistemas y minería de datos y minería de procesos.

El desarrollo del sistema informático para V.U., basado en el modelo de datos de la Organización Mundial de Aduana, permite que la información del comercio exterior se organice y se procese. Puede tomar varios años para lograr su madurez, pero una vez creado e implementado mejora el proceso de despacho al simplificar procedimientos, reduce el tiempo de inspección a una cuestión de horas o minutos, facilita el comercio, realiza promoción y crecimiento país, proporciona variables que redundan en la mejora de controles y análisis de riesgos, permite fluidez de la información, todos estos aspectos consecuentemente contribuyen a garantizar la seguridad nacional.

V.U., basada en el software específico garantiza que el país se coloque en una posición importante para el comercio, mejora la imagen país internacionalmente por sus entregas transparentes y servicios fiables (genera estadísticas confiables). Se mejora las relaciones de las autoridades y su reputación ante el público en general, pero especialmente ante los auxiliares de la función pública, importadores y exportadores. Motiva el inicio de nuevos emprendimientos o inversiones en el país.

Con la solución informática o sistema que administre la V.U., las autoridades tendrán una cosmovisión del riesgo, de tal forma que los recursos serán racionalizados a fin de concentrarlos en los espacios de mayor inseguridad, los movimientos de bajo riesgo estarán mejor identificados, simultáneo al hecho de que se crece la productividad y eficiencia en cuanto a servicio. Esta nueva forma de servicio estimulará mayor movimiento de mercancías o cargas por medio de los puertos y fronteras.

Integración de Ventanillas Únicas Regionales y otras Agencias Gubernamentales.

Las tecnologías de la información nos permitirán aprovechar la minería de datos nacional e internacional de toda la circulación de mercancía a nivel regional y global.

Las ventanillas únicas podrán abrirse sin tanto recelos o prevenciones a los países de integración económica o tratados de libre comercio, a otros países de origen y tránsito, con fines diversos: para intercambiar información de interés como resultados de inspecciones de mercancías en origen, donde se han practicado controles de salida con tecnología de punta, tal como uso de escáner con fines de seguridad, análisis de riesgos de todo orden, auditorias, estadísticas y demás datos que interesan a gobiernos, agencias y organismos.

Compartir la información de mercancías, transportista, consignantes y consignatarios, desde origen con el país destino, tal conexión no es frecuente por estos días a falta de instrumentos internacionales incluyentes de la seguridad de la data o de la información. Una vez acreditadas - autenticadas las V.U., globalmente, la fluidez de datos hará la diferencia entre lo tradicional y el futuro (el análisis de la data anticipa tendencias y comportamientos). Esta idea extrapolada a la realidad, significa que será difícil engañar al fisco del país de destino y a las demás autoridades de destino. Con el aprovechamiento del modelo de datos de la OMA la declaración aduanera de exportación de un país finalizará siendo la declaración de importación en el país de destino y en ambiente web o digital. Este intercambio franco y ágil de la bigdata beneficiará en mejor forma a los operadores económicos previamente certificados para ejercer el comercio exterior por sus autoridades locales y luego por el registro, autenticación u homologación entre países.

Los gobiernos estarán haciendo uso de la bigdata que nace del comercio exterior para garantizar el control, recaudación y servicios en frontera, especialmente están obligados a garantizar la seguridad de sus habitantes en el sentido amplio de la palabra.

Capítulo VI.

Conclusiones.

a. La comparación de antiguos conceptos sobre control, recaudación y servicios en el comercio transfronterizo con lo que representa la Ventanilla Única al comercio exterior, da como resultado que la fluidez, inmediatez o velocidad de servicio a menor costo y sin burocracia son más populares hoy en día. La V.U., nos trae esta primera conclusión sobre la utilidad o fórmula aceptada de servicios vitales para el comercio exterior.

b. No parece existir oposición en los sectores privados y usuarios de los mecanismos, instrumentos, regulaciones que trae consigo la nueva V.U.

c. No solo está en juego la correcta dinámica de la cadena de suministros, de la logística del comercio transfronterizo. Con estas medidas de servicios públicos de calidad y de administración de la data, impresionará a todos en lo que refiere a facilitación, previa voluntad política. Lo poco obvio de la V.U., puede llegar a ser hasta lo más importante. Es toda una estrategia. Detrás se encuentras efectos calculados. Para que no pasen desapercibidas las estrategias y sus efectos, mencionamos algunos que se desprenden de los textos y de la consecuencia de la aplicación de la estrategia general. Son profundos y centrales planes como: La protección a los consumidores finales; seguridad de la alimentación mundial; seguridad nacional e internacional ante diferentes amenazas de oscuros intereses o crimen organizado, determinados delitos internacionales entre los cuales se destaca el tráfico humano y delitos tecnológicos practicado por hackers; control sobre especulaciones en los mercados por operaciones comerciales que se practican con mercancías, valores o bienes en general; auditorías; control de precursores para producción de energía nuclear, sustancias controladas y más. La lista es extensa. No obstante, esta punta de iceberg produce una idea general de lo que representa. Esta visión está siendo compartida permanentemente en todos los foros, reuniones, capacitaciones, revistas especializadas, webinar, textos, canales por donde se comunican las agencias de gobierno e instituciones con los organismos internacionales que se derivan de la O.N.U., luego también lo comparten con usuarios o administrados, no siempre con la misma amplitud.

d. La importancia es realizar un eficiente flujo de información. La V.U., ha existido para diversos fines, existe para fines de facilitar la construcción, para facilitar los registros de empresas, gestiones ante gobiernos y sus agencias, para facilitar el comercio exterior de los países. Entre otros instrumentos internacionales, el convenio de Kyoto Revisado, establece el marco normativo de uniformar procedimientos, lo que favorece la creación de soluciones completas para el comercio exterior mediante conceptos claros y funcionales como la Ventanilla Única. Esta fuente de derecho internacional no debe ser descartada al momento de implementarse la V.U.

e. La V.U., no está referida al servicio individual que brinda en línea o por internet un ente, institución, agencia u organismo gubernamental, con fines a resolver trámites de comercio exterior. El concepto va más allá, porque reúne a las diferentes autoridades, reúne los formularios, los procesos y procedimientos, reúne el verdadero valor de cada servicio, permite la coordinación y el liderazgo para una correcta administración de lo que hoy se identifica como ventanilla única al comercio exterior, pero su característica más importante es que el sujeto de comercio exterior del país que la implemente, debe asistir al único lugar para importar o exportar y realizar de una vez, de forma anticipada o al tiempo que entran o salen las mercancías, ante una sola autoridad, sin tener que diluirse en diez o más autoridades para-aduaneras.

f. V.U., es una idea facilitación de negocios. Aumenta eficiencia, reduce costos y asegura puntualidad. Dinamiza el comercio y la economía del país. Permite el rápido acceso a los consumidores de bienes importados. Dentro de la cadena de suministros se garantizará al fin el inventario perfecto para las empresas comercializadoras.

Los usuarios o administrados desean contar con el mejor instrumento que facilite obtener permisos, licencias, realizar pagos de tributos y servicios, controles físicos, inspecciones únicas, revisiones documentales digitales todo simplificado, oportuno y racionalizado.

g. Algunos gobiernos están a favor de la aprobación de V.U., y hasta han realizado medios pasos para facilitar el comercio exterior, pero no se han comprometido con un plan de trabajo decidido, incluyente y formal. De inicio, las instituciones o agencias de gobierno que no han iniciado el cambio, se deben fijar calendarios y flujos de trabajos programados, licitar el servicio, lo cual es una tendencia, salvo que se dejen soluciones in house, lo que no es muy recomendable por la suerte de convertirse en juez y parte, sin tomar en cuenta la necesidad de contar con software avanzado y especializado. Un servicio de terceros para la implementación de V.U., puede llevar de la mano a diferentes ministerios, superintendencias, organizaciones, organismo, entes autónomos, agencias y hasta a la misma autoridad aduanera, para coordinarlos en todos los aspectos, documentales, legales, técnicos, procedimentales, liderazgo, controles, infraestructura, capacitación y servicios.

No basta con la intensión de ser pro V.U., se requiere inversión de importantes recursos económicos y de tiempo, pero lo más importante es la voluntad política de construirla.

h. La abundancia y duplicidad de gestiones para importar, exportar y garantizar el tránsito internacional de mercancías, de ahora en más dejarán de ser obstáculos intolerables en el nuevo orden del comercio exterior de los países con V.U.

i. Tiempo de despacho extendido a 24-7-365.

j. Según el Dr. Yann Alix, analista de la Cadena de Suministro: "…La evolución de los negocios se caracteriza por dos tendencias generales. La competitividad de una cadena de valor se mide más por el potencial de conjugar todos los aportes que por la solidez aislada de cada uno de sus eslabones. La segunda tendencia de un contexto globalizado depende de la capacidad de dominar los flujos de información. La audacia viene de la idea colectiva de compartir informaciones en universos a la vez abiertos y seguros, colaborativos y confidenciales, innovadores y competitivos..."

k. Con V.U., se logrará: tracking de mercancías, infraestructura física y digital, seguridad, integridad y transparencia, ahorro de tiempo, aumento de valor, comercio exterior sin estrés.

Fuentes.

La investigación surge de estudio de casos, de instrumentos internacionales vigentes en todos los países que forman parte de la Organización Mundial del Comercio, asistencia a reuniones y eventos internacionales relacionados a aduana y comercio. Estas mismas fuentes y otras pertinentes son usadas para abordar otros temas de investigación sobre: comercio transfronterizo, legislación, propiedad intelectual, logística y aduana.

Fuente: 1. Organizaciones: a. Organización Mundial del Comercio; b. Organización Mundial de Aduana; c. Comisión Económica para América Latina y el Caribe; d. Comisión Económica de las Naciones Unidas para Europa; e. Centro de las Naciones Unidas para la Facilitación del Comercio y el Comercio Electrónico; f. Organización Mundial del Comercio y el Acuerdo sobre Obstáculos Técnicos; Parlamento Europeo; g. Banco de Desarrollo de América Latina (CAF).

Fuente 2. Instrumentos jurídicos, manuales y guías. Acuerdo de Bali; Convenio de Kyoto revisado; Decreto 4149 de 2004 Congreso de Colombia; Modelo de Datos de la Organización Mundial de Aduanas; Constitución Política de países varios y Convención de las Naciones Unidas sobre los contratos de compraventa internacional de mercaderías.

3. Otras fuentes. Investigación del Autor: Asistencia en reuniones y paneles internacionales. 1) Visita al Parlamento Europeo Bruselas 2013 al inicio de discusión del Código Aduanero Europeo; 2) Reunión Mundial de Derecho Aduanero en la Organización Mundial de Aduana, Bruselas 2013 Bruselas; 3) Reunión Mundial de Derecho Aduanero Corte de Justicia Internacional de

Comercio, New York 2014 y 4) Reunión Internacional y multidisciplinaria sobre Tecnología de la Información de la Organización Mundial de Aduanas, Bahamas 2015.

Libros de la Colección COMPRENDIENDO la:

1. Ventanilla Única.
2. Gestión Colectiva y Derecho de Autor.
3. Aduana, Comercio y Propiedad Intelectual.
4. Auditoría Preventiva Aduanera.
5. Operador Económico Autorizado.

www.ingramcontent.com/pod-product-compliance
Lightning Source LLC
Chambersburg PA
CBHW070444220526
45466CB00004B/1767